Comer sano

Los granos

Nancy Dickmann

Heinemann Library
Chicago, Illinois

www.heinemannraintree.com

Visit our website to find out more information about Heinemann-Raintree books.

To order:

☎ Phone 888-454-2279

⌨ Visit www.heinemannraintree.com to browse our catalog and order online.

Edited by Siân Smith, Nancy Dickmann, and Rebecca Rissman
Designed by Joanna Hinton-Malivoire
Original Illustrations © Capstone Global Library Ltd 2010
Illustrated by Tony Wilson
Picture research by Elizabeth Alexander
Production by Victoria Fitzgerald
Originated by Capstone Global Library Ltd
Printed and bound in China by South China Printing Company Ltd
Translation into Spanish by DoubleOPublishing Services

14 13 12 11 10
10 9 8 7 6 5 4 3 2 1

Library of Congress Cataloging-in-Publication Data

Dickmann, Nancy.
  [Grains. Spanish]
  Los granos / Nancy Dickmann.
    p. cm.—(Comer sano)
  Includes bibliographical references and index.
  ISBN 978-1-4329-5129-0 (hc)—ISBN 978-1-4329-5136-8 (pb) 1. Grain in human nutrition—Juvenile literature. I. Title.
  QP144.G73D5318 2011
  613.2—dc22   2010027735

Acknowledgements

We would like to thank the following for permission to reproduce photographs: Capstone Publishers p.**22** (© Karon Dubke); Corbis p.**21** (© Roy McMahon); Getty Images pp.**8** (White Rock/DAJ), **12** (Tanya Constantine/Photographer's Choice), **17** (Tara Moore/Taxi); Photolibrary pp.**5** (Emely/Cultura), **6** (Gilles Rouget/Photononstop); Shutterstock pp.**4**, **23 bottom** (© Elena Elisseeva), **7 main** (© MarFot), **7 inset** (© Petrenko Andriy), **9** (© iwka), **10** (© Morgan Lane Photography), **11** (© Victoria Visuals), **13**, **23 top** (© Monkey Business Images), **14** (© 6493866629), **15** (© Mikus, Jo.), **16** (© Nic Neish) **18** (© Flashon Studio), **20** (© paulaphoto); USDA Center for Nutrition Policy and Promotion p.**19**.

Front cover photograph of grains reproduced with permission of © Capstone Publishers (Karon Dubke). Back cover photograph reproduced with permission of Corbis (© Roy McMahon).

We would like to thank Dr Sarah Schenker for her invaluable help in the preparation of this book.

Every effort has been made to contact copyright holders of material reproduced in this book. Any omissions will be rectified in subsequent printings if notice is given to the publishers.

Contenido

¿Qué son los granos?

semillas

Los granos son las semillas de algunas plantas.

Comer granos puede
mantenernos sanos.

trigo

arroz

El trigo y el arroz son granos.

avena

La avena es un grano.

Los alimentos y los granos

arroz

Cocinamos algunos granos antes
de comerlos.

harina

Con algunos granos hacemos harina.

pasta

pan

El pan y la pasta están hechos
de harina.

tortilla

Algunas tortillas están hechas de harina.

¿Cómo nos ayudan los granos?

Comer granos te da energía.

Se necesita energía para trabajar
y jugar.

parte del grano

Algunos alimentos están hechos con una parte del grano.

grano integral

Algunos alimentos están hechos con todo el grano.

Comer granos integrales ayuda a tu cuerpo a combatir las enfermedades.

Comer granos integrales te ayuda a mantener tu corazón sano.

Comer sano

Debemos comer diferentes alimentos todos los días.

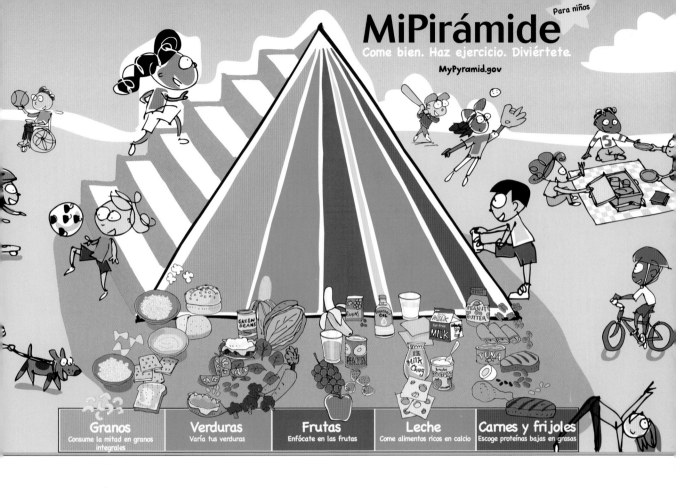

MiPirámide Para niños
Come bien. Haz ejercicio. Diviértete.
MyPyramid.gov

Granos
Consume la mitad en granos integrales

Verduras
Varía tus verduras

Frutas
Enfócate en las frutas

Leche
Come alimentos ricos en calcio

Carnes y frijoles
Escoge proteínas bajas en grasas

La pirámide alimentaria indica que debemos comer alimentos de cada grupo de alimentos.

Comemos granos para
mantenernos sanos.

¡Comemos granos porque
son deliciosos!

Busca los granos

Ésta es una cena saludable. ¿Puedes encontrar un alimento hecho con granos?

Respuesta en la página 24

22

Glosario ilustrado

 **energía** capacidad de hacer algo. Necesitamos energía cuando trabajamos o jugamos.

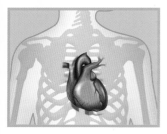 **corazón** parte del cuerpo que está dentro del pecho. El corazón envía sangre a todas las partes del cuerpo.

 **semilla** las plantas producen semillas. Las semillas se transforman en plantas nuevas. Podemos comer algunas semillas.

Índice

Respuesta de la prueba de la página 22: El pan está hecho con granos.

Nota a padres y maestros

Antes de leer

Explique que debemos comer una variedad de alimentos para mantenernos sanos. Clasificar los alimentos en grupos puede ayudarnos a comprender qué cantidad de alimentos debemos comer de cada grupo. Muestre la sección de los granos de la pirámide alimentaria que está en la página 19. Los granos son las semillas de algunas plantas. Comer granos nos da energía.

Después de leer

- Jueguen a "Descubre los granos". Lleve a pequeños grupos de niños a un paseo por el supermercado y pídales que dibujen o anoten todos los granos que vean. Como alternativa, muestre imágenes de diferentes alimentos y pregunte a los niños si creen que hay granos en cada imagen.

- Comente la diferencia entre los alimentos hechos con granos integrales (es decir, con el grano entero), como el pan de trigo integral, y los alimentos donde se ha quitado parte del grano, como la harina blanca, el pan blanco y el arroz blanco. Explique que los alimentos de grano integral son mejores para nosotros. Traiga tres tipos de pan integral (verifique que ninguno de los niños tenga alergia al gluten o a las nueces) y realice una prueba para ver qué tipo de pan es el preferido.

- Ayude a cada niño a planear un almuerzo saludable (o el contenido de una lonchera). Comente los tipos de cosas que podrían formar parte de un almuerzo saludable y la importancia de incluir una variedad de alimentos. ¿Qué granos van a incluir? Pueden dibujar los almuerzos en platos de cartón y exhibirlos junto con el dibujo de una bebida que acompañe a cada comida.